GRÉ
GRENOUILLE ET ROI

Texte : Marie-Nicole Marchand
Illustrations : Bruno St-Aubin

À Magalie, Mélina, Kélian, Simon,
Gabriel, Zoé, Ian et Pierre,
mes merveilleux neveux et nièces.

Marie-Nicole

Pour que Camille
ne s'abandonne jamais.

Bruno

Le raton laveur

Catalogage avant publication de Bibliothèque et Archives Canada

Marchand, Marie-Nicole, 1960-

Gregor 1er : grenouille et roi

(Le raton laveur)
Pour enfants de 3 à 9 ans.

ISBN 978-2-89579-096-9

I. St-Aubin, Bruno. II. Titre. III. Collection: Raton laveur (Bayard (Firme)).

PS8576.A633G73 2006 jC843'.54 C2006-940920-X
PS9576.A633G73 2006

Nous reconnaissons l'aide financière du gouvernement du Canada par l'entremise du Programme d'aide au développement de l'industrie de l'édition (PADIÉ) pour nos activités d'édition.

Conseil des Arts du Canada
Canada Council for the Arts

Bayard Canada Livres inc. remercie le Conseil des Arts du Canada du soutien accordé à son programme d'édition dans le cadre du Programme des subventions globales aux éditeurs.
Cet ouvrage a été publié avec le soutien de la SODEC.
Gouvernement du Québec – Programme de crédit d'impôt pour l'édition de livres – Gestion SODEC.

Dépôt légal – 1e trimestre 2007
Bibliothèque nationale du Québec
Bibliothèque nationale du Canada

Direction : Paule Brière
Graphisme : Mathilde Hébert
Révision : Marie Théorêt

4475, rue Frontenac, Montréal (Québec), Canada H2H 2S2
Téléphone : 514 844-2111 ou 1 866 844-2111
Télécopieur : 514 278-3030
Courriel : edition@bayard-inc.com

Imprimé au Canada

Malgré ses manigances, Grégor n'a pas réussi à devenir le roi des grenouilles, comme il l'espérait au moment de la révolte. Privé des richesses et du pouvoir qu'il convoitait, Grégor observe avec rancune les autres grenouilles s'amuser avec la famille royale, quand soudain lui vient une idée…

Grégor espionne longuement le roi et la reine et voit enfin Alchimie atterrir près d'eux. Alchimie est un magicien transformé en hibou serviteur à la suite d'un combat de sortilèges contre Vipère la sorcière. Grégor s'accroche à Alchimie au moment où ce dernier s'envole et, bientôt, il pose ses pattes palmées dans la maison de la sorcière.

« Qui es-tu, toi, et que me veux-tu ? gronde Vipère dès qu'elle l'aperçoit.

– Je suis Grégor. Par votre sortilège, j'aimerais être transformé en humain. En ROI humain !

– Ah ! Ah ! Ah ! Prendre la place du roi actuel ? L'idée est intéressante… Et que me donneras-tu en échange ?

– Je vous nommerai ministre de la Magie noire. Et vous pourrez vivre dans la plus haute tour du château.

– Hum ! C'est d'accord ! »

La sorcière agite sa baguette en récitant une formule magique.

Il y a un grand éclair, un nuage de fumée…
Et Grégor réapparaît sous forme humaine,
assis à la place du roi sur le trône.

Son premier geste est d’ordonner
aux gardes de s’emparer
de la famille royale et de
la mettre au cachot.

« Maintenant, c'est moi le roi !
Je suis Grégor Ier et vous devez m'obéir ! »

Tout le monde tremble, mais personne n'ose répliquer, de peur d'être emprisonné. La sorcière, elle, a déjà installé ses chaudrons dans la plus haute tour du château. Quant à Alchimie, il se cache pour observer la suite des événements.

Grégor rassemble les ministres et ordonne :

« Montrez-moi la salle du trésor royal.

– Ma... Ma... Majesté, bégaie un ministre, c'est normalement l'heure où le roi accorde des audiences. Quelques personnes attendent déjà.

– Ah oui ? C'est ce que fait le roi ? Alors, je vais rencontrer ces gens et, ensuite, vous me montrerez le trésor royal. »

La file s'allonge à perte de vue ! Pendant plusieurs heures, le nouveau roi écoute chaque personne lui demander une faveur, un conseil, son avis. Quand le dernier quémandeur quitte enfin le château, Grégor se sent très fatigué.

« Allons voir le trésor, maintenant.

– Ma… Ma… Majesté, bégaie un deuxième ministre, c'est normalement l'heure où le roi lit ses documents et les estampille du sceau royal.

– Ah oui ? C'est ce que fait le roi ? Alors, je vais lire et estampiller. »

La pile monte jusqu'au plafond ! Après avoir estampillé le dernier document, Grégor se sent très, très fatigué.

« Allons voir le trésor, maintenant.

– Ma… Ma… Majesté, bégaie un troisième ministre, c'est normalement l'heure où le roi assiste à la Grande Réunion.

– Ah oui ? C'est ce que fait le roi ? »

Grégor commence à penser que la vie de roi n'est pas aussi amusante qu'il le croyait.

« Bon, d'accord, je vais assister à la Grande Réunion, mais ensuite, vous me montrez le trésor. »

Grégor s'assoit à la table ronde. Une ministre énumère les projets à l'ordre du jour :

« Premièrement, construire de nouvelles écoles, afin que tous les enfants du royaume puissent s'instruire.

Deuxièmement, construire de nouveaux hôpitaux, afin que tous les malades du royaume puissent se faire soigner.

Troisièmement, déterminer quelle partie du trésor royal servira à payer ces constructions.

– **QUOI !** rugit Grégor. Il n'en est pas question ! Les enfants sont bien assez instruits et les familles n'ont qu'à prendre soin des malades. »

Grégor se calme un peu et poursuit :

« Par contre, je proclame une nouvelle loi obligeant chaque sujet du royaume à me remettre la moitié de ses richesses.

– Mais, Votre Majesté…

– **ÇA SUFFIT !** C'est moi le roi, c'est moi qui décide. À présent, emmenez-moi à la salle du trésor. Sinon, je vous fais tous jeter au cachot ! »

Les ministres n'ont d'autre choix que de s'exécuter. Grégor, émerveillé, peut enfin réaliser son rêve et se prélasser au milieu de pièces d'or et d'argent, de bijoux et de pierres précieuses.

« Tout cela est à moi ! À moi, Grégor 1er ! Je suis le roi. Je suis enfin riche et puissant ! »

Pendant que Grégor savoure sa réussite, Alchimie s'esquive discrètement en direction de l'étang. Le roi et la reine y ont longuement vécu sous forme de grenouilles, à cause du sort jeté jadis par Vipère la sorcière. Depuis, les grenouilles de l'étang sont toutes plus ou moins apparentées à la famille royale.

Rapidement informées de la situation par Alchimie, les grenouilles sont furieuses d'apprendre ce que Grégor a fait.

« Grégor a déjà échoué à devenir le roi des grenouilles.
Et maintenant, il veut être le roi des humains dans le seul but de s'enrichir et de dominer ? C'est inacceptable ! »

Après une brève concertation, une horde bondissante se dirige vers le château, jusqu'aux oubliettes. Avec leurs pattes palmées et leur peau glissante, les grenouilles ont tôt fait d'ouvrir les serrures et de délivrer la famille royale. Avisés des agissements de Grégor, tous sont indignés.

« Il faut absolument l'empêcher de nuire à tout le royaume, fulmine le roi.

– Mais comment ? Les soldats obéissent à Grégor, maintenant… Nous n'avons aucune chance de reprendre le pouvoir », se désolent les jeunes princes et princesses.

La reine, songeuse, se tourne vers le hibou :

« Alchimie, n'es-tu pas un magicien ? N'y a-t-il vraiment rien que tu puisses faire ?

– Peut-être… mais il me faudrait une baguette magique.

– On s'en occupe ! » s'exclament les grenouilles.

Un commando se faufile dans la plus haute tour du château, s'empare de la baguette à l'insu de la sorcière et redescend bien vite rejoindre le reste du groupe.

Alchimie prévient :
« Je ne peux pas annuler complètement le sort jeté par Vipère, mais je peux le modifier… »

Les grenouilles ouvrent brusquement la porte de la salle du trésor et, avant que Grégor puisse faire un seul geste, Alchimie agite la baguette en récitant une formule magique.

Un éclair éblouissant entoure Grégor…

« AAAAAH ! Mais qu'avez-vous fait ? Je suis devenu un horrible crapaud à verrues pustuleuses. C'est *affreueueux* ! se lamente Grégor. Je ne pourrai plus jamais être le roi ! »

Ses cris de désespoir attirent l'attention de Vipère.
« Mais qu'est-ce que c'est que ce boucan ? hurle-t-elle. Il n'y a plus moyen d'être tranquille pour faire ses potions, ici ? »

Tout à coup, elle aperçoit Grégor.
« Oh ! Le charmant crapaud ! Qu'il est mignon ! Aimerais-tu venir vivre avec moi ? Tu serais mon assistant... »

Grégor sèche ses larmes et s'informe :
« Est-ce que je pourrai apprendre à changer le métal en or ?

– Hum ! C'est très difficile... Mais je te laisserais essayer ! Et puis, ajoute sournoisement la sorcière, chez moi il y a plusieurs souris et lézards sur lesquelles tu pourrais régner...

– Ah oui ? Bon, c'est mieux que rien, j'imagine...
J'accepte votre offre !

– Ah là là ! Ça va être gai,
soupire Alchimie.

– Tu n’as qu’à rester ici, ordonne Vipère en serrant amoureusement le crapaud sur son cœur. Moi, je retourne dans ma maison de la forêt ! »

Et c'est ainsi que prit fin cette nouvelle aventure chez les grenouilles. Pour récompenser Alchimie de son aide, le roi et la reine le nommèrent ministre de la Magie blanche. Et toutes les grenouilles furent décorées de la médaille d'honneur et de courage, lors d'un grand banquet où elles se sont délectées de sauterelles grillées et de mouches au miel…